Gesundheitskompetenz, Beziehungsbedingungen der nicht-direktiven Gesprächstherapie und Kommunikationstheorien

GRIN

Bibliografische Information der Deutschen Nationalbibliothek:

Die Deutsche Nationalbibliothek verzeichnet diese Publikation in der Deutschen Nationalbibliografie; detaillierte bibliografische Daten sind im Internet über http://dnb.d-nb.de abrufbar.

ISBN: 9783346814814
Dieses Buch ist auch als E-Book erhältlich.

Druck und Bindung: Books on Demand GmbH, Norderstedt Germany
Gedruckt auf säurefreiem Papier aus verantwortungsvollen Quellen

Das vorliegende Werk wurde sorgfältig erarbeitet. Dennoch übernehmen Autoren und Verlag für die Richtigkeit von Angaben, Hinweisen, Links und Ratschlägen sowie eventuelle Druckfehler keine Haftung.

Das Buch bei GRIN: https://www.grin.com/document/1327814

Klinische Psychologie II: Gesundheitsförderung und- beratung

Einsendeaufgabe- *Alternative B*

<u>**Studiengang:**</u>   Psychologie B.Sc.

<u>**Abgabedatum:**</u>   03.12.2022

Inhaltsverzeichnis

Abkürzungsverzeichnis

Abb.	Abbildung
Abs.	Absatz
bzw.	beziehungsweise
engl.	Englisch
etc.	et cetera
S.	Seite
u.	unbekannt
vgl.	vergleiche
WHO	world heath organisation

Abbildungsverzeichnis

1. Aufgabe B1- Gesundheitskompetenz

1.1 Gesundheitskompetenz

Zunächst lässt sich konstatieren, dass hinsichtlich des Begriffs „Gesundheitskompetenz" mehrere Definitionen existieren. Dabei lassen sich zwei grundsätzliche Forschungsparadigmen beobachten. So kann Gesundheitskompetenz einerseits in einem klinisch- medizinischen Kontext betrachtet werden und andererseits aus einer Sicht der Gesundheitsförderung und der Gesundheitsvorsorge im Sinne einer Lebenskompetenz. Dabei operieren die beiden Ansätze weitestgehend getrennt voneinander und nehmen nur wenig Bezug aufeinander. Im Folgenden soll aufgrund der vorgegebenen Aufgabenstellung der Begriff „Gesundheitskompetenz" aus Sicht der Gesundheitsförderung betrachtet werden. Die entsprechende Sichtweise und die damit einhergehende Definition wurde von der WHO zur Jahrtausendwende eingeleitet. Dabei wird der Begriff inhaltlich breiter gefasst und aus einer lebenspraktischeren Sicht betrachtet im Vergleich zu dem klinischen Ansatz. Konkreter kann nach der WHO „Gesundheitskompetenz" (engl. *health literacy*") als die Repräsentation kognitiver und sozialer Fähigkeiten betrachtet werden, welche die Motivation und die Fähigkeit des Einzelnen bestimmen, Zugang zu gesundheitsrelevanten Informationen zu erhalten, zu verstehen und so zu nutzen, dass es die Gesundheit fördert und erhält. Gesundheitskompetenz impliziert dabei ein gewisses Niveau von Kenntnissen und persönlichen Fähigkeiten sowie auch das Ergreifen von Maßnahmen zur Verbesserung der persönlichen und kollektiven Gesundheit mittels einer Veränderung des Lebensstils und der Lebensbedingungen.[1] Es gilt dabei hervorzuheben, dass nach dieser Sichtweise, im Gegensatz zu anderen Definitionen, nicht nur die Fähigkeit zum Lesen und Verstehen von gesundheitsrelevanten Informationen, sondern auch die Handlungskompetenz bzw. der aktive Umgang dieser Informationen relevant ist. Ferner beinhaltet die Sicht dieses Paradigmas gewisse kognitive Reflexionsfähigkeiten, um gesundheitsbezogene Informationen kritisch zu hinterfragen und sich infolgedessen ein eigenständiges, gesundheitsförderliches Urteil zu bilden.[2]

In diesem Kontext lassen sich die drei Formen der Gesundheitskompetenz erwähnen. So lassen sich die funktionale, die interaktive und die kritische Form unterscheiden. Während es bei der funktionalen Form um das Lesen und Verstehen von gesundheitsrelevanten Informationen geht, meint die interaktive Form fortgeschrittene kognitive und soziale Fähigkeiten, die zum Informationsaustausch sowie zur Umsetzung im Lebensalltag notwendig sind. Bei der kritischen Form geht es hingegen um das

---

[1] Vgl. Lenartz (2012), S.20-25
[2] Vgl. Karim, Bialek, Helmrich (2021), S.84

kritische Analysieren bzw. das kritische Auseinandersetzen von gesundheitsrelevanten Informationen.[3]

Im Folgenden wird nun näher auf die individuelle sowie die gesellschaftliche Gesundheitskompetenz eingegangen.

1.1.1 Individuelle Gesundheitskompetenz

Zunächst lässt sich feststellen, dass keine explizite und allgemeingültige Definition von individueller Gesundheitskompetenz existiert. Dennoch kann, in Anlehnung an Lenartz, Rüdinger und Soellner davon ausgegangen werden, dass individuelle Gesundheitskompetenz jene Fähigkeiten des Einzelnen meinen, die zu gesundheitsförderlichen Entscheidungen im täglichen Leben führen. Dies kann diverse Lebensbereiche, wie etwa die Arbeit oder das Zuhause, miteinbeziehen.[4] Konkreter lassen sich diese Fähigkeiten in sogenannte Basisfertigkeiten und weiterentwickelte Fähigkeiten unterteilen. Die Basisfertigkeiten implizieren gesundheitsbezogenes Grundwissen sowie gesundheitsbezogene Grundfertigkeiten, welche sich aus der Vermittlung gesundheitsbezogener Informationen ergeben. Die weiterentwickelten Fähigkeiten lassen sich nochmals in perzeptiv- motivationale sowie handlungsbezogene Fähigkeiten unterteilen. Die perzeptiv- motivationale Fertigkeiten implizieren sowohl die Selbstwahrnehmung als auch die Verantwortungsübernahme. Dabei kann nur bei ausreichender Fähigkeit, sich den eigenen Empfindungen, Bedürfnissen und Kognitionen bewusst zu machen, ein Verantwortungsbewusstsein für die eigene Gesundheit entstehen. Auch kann Selbstwahrnehmung als notwendige Voraussetzung für das angemessene Nutzen von Gesundheitsinformationen, dem Ausbilden von selbststeuerndem Verhalten sowie der Kommunikation und Kooperation mit anderen hinsichtlich gesundheitsrelevanter Themen bzw. Informationen, betrachtet werden. Daher kann die Selbstwahrnehmung als eine der Schlüsselfähigkeiten betrachtet werden. Die handlungsbezogenen Fertigkeiten beinhalten den Umgang mit Gesundheitsinformationen, Selbstkontrolle, Selbstregulation sowie Kommunikation und Kooperation. Dabei meint die Selbstregulation die Fähigkeit, möglichst viele Bedürfnisse, Gefühle, Werte und Interessen im eigenen Handeln zu berücksichtigen. Mit Selbstkontrolle ist hingegen die Fähigkeit gemeint, miteinander konkurrierende Bedürfnisse so auszurichten, dass sie gesundheitliches Verhalten nicht blockieren.[5]

---

[3] Vgl. Abel, Sommerhalder, Bruhin (2010), S.u.
[4] Vgl. Kickbusch, Maag, Saan (2005), S.10
[5] Vgl. Lenartz, Rüdinger, Soellner (2014), S.30

Die folgende Abbildung veranschaulicht nochmals dieses Strukturmodell der Gesundheitskompetenz von Lenartz, Rüdinger und Soellner.

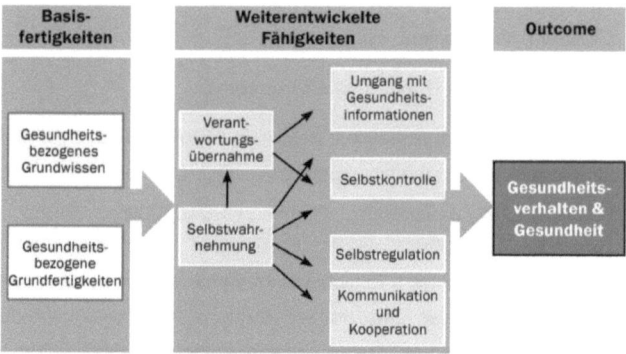

Abb.1: Strukturmodell der Gesundheitskompetenz

Quelle: Lenartz, Rüdinger, Soellner (2021), S.30

Es gilt anzumerken, dass die entsprechenden Fertigkeiten und Fähigkeiten hinsichtlich der Gesundheitskompetenz mittels Gesundheitsberatung gefördert werden können. Eine solche Förderung erscheint vor dem Hintergrund, dass Gesundheitskompetenz als Ressource für das Individuum als auch für die gesamte Gesellschaft fungiert, sinnvoll.[6]

Kriegsmann et al. unterscheiden hingegen zwischen der Handlungsfähigkeit und der Handlungsbereitschaft im Kontext der individuellen Gesundheitskompetenz. Dabei bildet die Handlungsfähigkeit die kognitive Basis für gesundheitsförderliches Verhalten und beinhaltet die Komponenten „explizites Wissen", „implizites Wissen" und „Fertigkeiten". Während das explizite Wissen dadurch gekennzeichnet ist, dass es bewusst zugänglich ist und sich in Wörtern und Zahlen ausdrücken lässt, beschreibt das implizite Wissen personengebundenes Wissen, welches auf individuellen Erfahrungen beruht. Diese individuellen Erfahrungen resultieren aus eigenen Handlungen und/oder einem Erfahrungsaustausch. Mit Fertigkeiten ist konkretes Können gemeint, das durch Übungen einen hohen Grad an Automatisierung erlangt hat. Die zweite Komponente „Handlungsbereitschaft" beschreibt die motivationale Basis gesundheitsförderlichen Verhaltens und kann daher als Triebfeder für Gesundheitsverhalten betrachtet werden. Die Komponente lässt sich nochmals in die Subkomponenten „Werte", „normative Einstellungen", „Verantwortungsübernahme" und „Kontrollüberzeugungen" unterteilen. Während unter normative Einstellung die Bereitschaft gemeint ist, auf Grundlage allgemeingültiger und vor allem individueller Werte selbstverantwortlich zu handeln,

---

[6] Vgl. Karim, Bialek, Helmrich (2021), S.84

meinen „Werte" Eigenschaften, die vom Individuum als moralisch gut betrachtet werden. Unter Verantwortungsübernahme ist hingegen die Annahme der Verantwortung hinsichtlich der eigenen Gesundheit zu verstehen. Die Subkomponente „Kontrollüberzeugung" ist hingegen ein Anhaltspunkt dafür, inwieweit ein Individuum der Überzeugung ist, dass äußere Ereignisse vom eigenen Verhalten abhängig sind.[7]

Es lässt sich an dieser Stelle anmerken, dass der sogenannte Empowerment Ansatz auf die Förderung der individuellen Gesundheitskompetenz und der damit einhergehenden Selbstbestimmung über die eigene Gesundheit, abzielt. Dabei können Menschen als empowered bezeichnet werden, wenn sie unter Anderem soziale Unterstützung erfahren, kritisch denken, ein positives Selbstbild besitzen, einen kompetenten Umgang mit der eigenen Gesundheit haben, entscheidungsfähiger sind, einen verbesserten Zugang zu Informationen und Ressourcen haben sowie das Gefühl haben, etwas bewegen zu können.[8]

1.1.2 Gesellschaftliche Gesundheitskompetenz

Zunächst gilt es auch hier zu erwähnen, dass keine explizite und allgemeingültige Definition von gesellschaftlicher Gesundheitskompetenz existiert. Dennoch kann davon ausgegangen werden, dass, im Gegensatz zu der individuellen Gesundheitskompetenz, bei der gesellschaftlichen Gesundheitskompetenz nicht die individuellen Fähigkeiten hinsichtlich des Findens, Verstehens und Beurteilens von gesundheitsrelevanten Informationen im Vordergrund stehen, sondern die äußeren Rahmenbedingungen, welche durch eine gesundheitsförderliche Gestaltung einen Beitrag zur kollektiven Gesundheit leisten. So kann durch die Gestaltung gesundheitsförderlicher Umweltbedingungen gesundheitsförderliches Handeln gefördert oder gar erst ermöglicht werden. Gleichzeitig wirkt sich eine solche gesundheitsfreundliche Gestaltung der Lebensbedingungen oft selbst schon positiv auf die Gesundheit aus. Die Wohnbedingungen, die Freizeitbedingungen, das Arbeitsumfeld aber auch Medien können dabei als Umweltfaktoren betrachtet werden, welche einen Einfluss auf die Gesundheit haben können und gleichzeitig gestaltbar sind.[9] Das Etablieren von ergonomischen Stühlen am Arbeitsplatz, Fitnessgeräten im Park oder die mediale Aufklärung über das Corona- Virus wären Beispiele für eine solche Gestaltung. Grundsätzlich kann unter gesellschaftlicher Gesundheitskompetenz also die gesellschaftliche Kompetenz hinsichtlich des Wissens über gesundheitsrelevante Umweltfaktoren sowie vor allem der Gestaltung einer gesundheitsförderlichen Umwelt,

---

[7] Vgl. Lenartz (2012), S.30-31
[8] Vgl. Brandes, Stark (2018), S.u.
[9] Vgl. Wittke, Kamal, Aghoutane, Karim (2021), S.83

verstanden werden. Es gilt an dieser Stelle zu erwähnen, dass eine entsprechende Umgestaltung dieser Umweltfaktoren der Gesundheitsungleichheit bzw. der Benachteiligung verschiedener Bevölkerungsgruppen- und schichten hinsichtlich der Gesundheit(-förderung) entgegenwirken kann.[10]

Dabei gibt es verschiedene Ebenen, auf denen verschiedene Programme und Projekte zur Gesundheitsförderung zum Tragen kommen. So sind entsprechende Programme auf der Ebene Politik, Gemeinschaft bzw. Kommune, Lebenswelten sowie dem Gesundheitssystem zu verzeichnen. Beispielsweise wurden auf politischer Ebene in Deutschland sieben nationale Gesundheitsziele, wie die Reduktion von Tabakkonsum, der Stärkung von Patientensouveränität oder dem Verhindern, frühzeitigem Erkennen und der nachhaltigen Behandlung von Depressionen, beschlossen. Auf der Ebene „Lebenswelten" sollen Programme darauf abzielen, gesunde Lebens,- Arbeits,- und Freizeitbedingungen zu schaffen sowie natürliche Ressourcen zu erhalten. Auf kommunaler Ebene sind beispielsweise Projekte zur Selbsthilfe, Maßnahmen zur sozialen Unterstützung oder Nachbarschaftshilfe einzuordnen.[11] Es gilt anzumerken, dass die Programme hier, anders als Ansätze zur Steigerung der individuellen Gesundheitskompetenz, mehr auf Verhältnisänderungen und weniger auf Verhaltensänderungen abzielen.

1.2 Prinzipal- Agent Beziehung

Vorab gilt es anzumerken, dass die Prinzipal- Agent Beziehung ursprünglich aus den Wirtschaftswissenschaften kommt. Allerdings lässt sich die Beziehung auch auf das Gesundheitswesen im Sinne der Arzt- Patienten Beziehung übertragen.[12] Im Folgenden wird die Prinzipal- Agent Beziehung in diesem Kontext des Gesundheitswesens behandelt. Dabei fungiert der Patient als Prinzipal und kann als Auftraggeber betrachtet werden. Der Arzt fungiert hingegen als Agent und kann als Auftragnehmer betrachtet werden. Hierbei betraut der Patient den Arzt mit einer Aufgabe, wie z.B. einer Behandlung. Der Behandlungsbeginn kann dabei als Vertragsabschluss betrachtet werden. In der Regel bemüht sich der Patient, vor Behandlungsbeginn Informationen über bestimmte Eigenschaften des Arztes zu erlangen. Da das oftmals vor der Kooperation mit dem Arzt nicht möglich ist, wird dies als *„hidden characteristics"* bezeichnet. In Anlehnung an den grundlegenden Annahmen des Modells kann davon ausgegangen werden, dass die Handlungen der ÄrztInnen sowohl positiven als auch negativen Einfluss auf das Wohlergehen der Patienten haben kann. Dabei ist eine

---

[10] Vgl. Abel, Sommerhalder (2015), S.924
[11] Vgl. Wittke, Kamal, Aghoutane, Karim (2021), S.88-89
[12] Vgl. Wittke, Kamal, Aghoutane, Karim (2021), S.59

Überwachung der Handlungen des Arztes durch den Patient oftmals nicht möglich. Dies kann als „*hidden action*" bezeichnet werden. Sofern die Handlungen des Arztes zwar überwachbar aber nicht beurteilbar sind, ist von „*hidden information*" die Rede. So können Patienten meist nicht die Entscheidungen der Ärzte beurteilen. Auch können sie nicht beurteilen, ob die Genesung tatsächlich auf die Behandlung zurückzuführen ist und ob das Behandlungsangebot bei einem anderen Arzt besser wäre. Ferner wird davon ausgegangen, dass beide Parteien, also der Prinzipal und der Agent ihren Nutzen maximieren wollen. Dabei unterscheiden sich die Nutzenfunktionen des Agenten von dem Prinzipal. So liegt beispielsweise der Nutzen und das damit einhergehende Ziel der Beziehung seitens des Prinzipals bzw. des Patienten in der Wiederherstellung von Gesundheit oder dem Abwenden von Krankheiten, während der Nutzen seitens des Agenten bzw. des Arztes beispielsweise in der Entlohnung oder dem Herstellen bzw. Aufrechterhalten des Prestiges liegt. Diese unterschiedlichen Ziele können zu Konflikten führen, was als „*principal- agent- problem*" bezeichnet wird. Weiter postuliert das Modell, dass zwischen Agent, also Patient, und Prinzipal, also Arzt, Informationsasymmetrie besteht. Dies lässt sich beispielsweise dadurch verdeutlichen, dass der Arzt gegenüber dem Patienten einen deutlichen medizinischen Wissensvorsprung hat. Gleichzeitig hat er aber auch ein Informationsdefizit hinsichtlich der Eigenschaften und dem Verhalten des Patienten, der ihm wichtige Informationen, wie etwa Vorerkrankungen, verschweigen könnte. Sofern der Arzt die Asymmetrie zu seinen Gunsten ausnutzt, wird dies als „*moral hazard*" bezeichnet.[13]

Um trotz dieser Asymmetrie Erfolg für beide Seiten zu generieren, spielt Vertrauen eine wichtige Rolle. In diesem Kontext lässt sich anmerken, dass beide Parteien sowohl als Vertrauensgeber als auch als Vertrauensnehmer zu betrachten sind. Neben Vertrauen kann auch Transparenz als Möglichkeit betrachtet werden, dem Prinzipal- Agent Problem, welches vor allem auf Informationsasymmetrie beruht, entgegenzuwirken. Dabei existieren zwei grundlegende Methoden, um Transparenz zu generieren. Zum Einen steht das Instrument „*Signalling*" zur Verfügung. Hier sendet der Arzt Signale hinsichtlich seiner Eigenschaften und Qualifikationen aus. Zum anderen kann sich der Patient über die Eigenschaften des Arztes mithilfe des Instruments „*Screening*" informieren. Dabei können Zertifizierungen oder Testverfahren zur Einschätzung des Arztes dienen. Es kann davon ausgegangen werden, dass durch die Reduktion der Asymmetrie mithilfe der beschriebenen Methoden der Transparenz auch das Vertrauen steigen wird. Weiter kann auch durch Handlungen des Arztes Vertrauen aufgebaut werden. So kann der Arzt durch Verhaltensweisen, wie etwa dem Zuwenden von

---

[13] Vgl. Saam (2002), S.19-29; Wittke, Kamal, Aghoutane, Karim (2021), S.59-61

Aufmerksamkeit, dem aktiven Zuhören, dem Aufgreifen von Ängsten, dem Halten von Blickkontakt oder durch Zuspruch Vertrauen gefördert werden.[14] Ferner kann es auch förderlich sein, wenn der Arzt die Einstellungen und Werte bei dem Kontakt mit dem Patienten bei der Behandlung berücksichtigt. So lässt sich in diesem Kontext anmerken, dass sich das Arzt- Patienten Verhältnis in den letzten Jahrzehnten von einem paternalistischen Modell, bei dem der Arzt den Patienten Entscheidungen und Anweisungen sozusagen vorgibt und der Patient diese im Sinne der Compliance befolgt, hin zu einem Paradigma entwickelt hat, bei dem patientenorientiert und individuell gehandelt wird und im Sinne der Adhärenz Entscheidungen und Ziele gemeinsam getroffen werden (engl. *„shared decision making"*).[15] Hierbei wird also Gesundheitskompetenz bei dem Patienten mehr oder weniger vorausgesetzt, da Basisfertigkeiten sowie Selbstwahrnehmung bei dem Patienten essenziell für eine sinnvolle und maßgeschneiderte gemeinsame Entscheidungsfindung sind. Dennoch sollte der Arzt in jedem Fall Patienten auch hinsichtlich ihrer Gesundheitskompetenz einschätzen. Auf der anderen Seite wird durch das veränderte Arzt- Patienten Verhältnis Gesundheitskompetenz gefördert, da die Eigenverantwortlichkeit der Patienten hinsichtlich ihrer Gesundheit hervorgehoben wird. Dies wird auch gesetzlich dahingehend bekräftigt, dass nach §1 Satz 2 des fünften Sozialgesetzbuches Versicherte für ihre Gesundheit mitverantwortlich sind. Auch sollen sie an Behandlung und Rehabilitation aktiv mitwirken.[16]

---

[14] Vgl. Wittke, Kamal, Aghoutane, Karim (2021), S.62-64
[15] Vgl. Wittke, Kamal, Aghoutane, Karim (2021), S.67-68
[16] Vgl. §1 SBG V

2. Aufgabe B2- Beziehungsbedingungen hinsichtlich der Persönlichkeitsentwicklung bei der nicht- direktiven Gesprächstherapie

2.1 Beziehungsbedingungen

Vorab gilt es anzumerken, dass sich die folgenden Inhalte an den Theorien von Carl G. Rogers orientieren. Carl G. Rogers war ein amerikanischer Psychotherapeut, der das personenzentrierte Konzept der nicht- direktiven Gesprächspsychotherapie entwickelte und als Pionier dessen betrachtet werden kann. Auch kann Carl Rogers in diesem Zusammenhang als Persönlichkeit der humanistischen Psychologie angesehen werden. Das personenzentrierte bzw. klientenorientierte Prinzip stellt die Beziehungsqualität zwischen Therapeut und Klient in den Vordergrund, weswegen Carl Rogers folgende Beziehungsbedingungen festgelegt hat.[17]

Die erste wichtige Beziehungsbedingung zwischen Klient und Therapeut stellt der *psychologische Kontakt* dar. Diese Bedingung wurde von Rogers dahingehend dichotom betrachtet, dass mit einem gegebenen Kontakt Psychotherapie möglich sei, während mit einem nicht gegebenen Kontakt keine Psychotherapie möglich sei. Es gilt jedoch anzumerken, dass eine Weiterentwicklung stattfand. So hat Prouty therapeutische Möglichkeiten entwickelt, falls der psychologische Kontakt nur unzureichend möglich ist. Dies kann auch als Prä- Therapie bezeichnet werden. Ferner betrachten andere Autoren den hier beschriebenen psychologischen Kontakt in diesem Kontext nicht als „Alles- oder- Nichts Prinzip", sondern vielmehr als Qualität auf einem Kontinuum.[18]

Eine zweite Beziehungsbedingung stellt die *Inkongruenz* des Klienten dar. Mit Inkongruenz ist die Abweichung des aktuellen Standes von der Befriedigung wichtiger Bedürfnisse gemeint, also die Abweichung vom Ist- und Soll- Wert.[19] Dabei kann Inkongruenz als zentrale, diagnostisch relevante Kategorie in der klientenzentrierten Störungslehre angesehen werden. Konkreter unterscheidet Rogers zwei Unterformen bzw. Abstufungen der Inkongruenz. Bei der ersten Form erlebt der Klient die mit der Inkongruenz einhergehenden Spannung im Form von Angst und Bedrohung. Bei diesem Fall hat der Klient eine mehr oder weniger ausgeprägte Erfahrung von den inneren Spannungen. Bei der zweiten Form äußert sich die Bedrohung eher unterschwelliger. Dem Klient sind die emotionalen Aspekte der Spannung nicht zugänglich. Dies ist für den Klienten und dessen Selbsterleben letztlich noch bedrohlicher, da ihn

---

[17] Vgl. Kunze- Pletat (2019), S.177-179
[18] Vgl. Stumm, Keil (2017), S.18
[19] Vgl. Caspar, Pjanic, Westermann (2018), S.40

entsprechende Erfahrungen auf unkontrollierbare Art und Weise aus dem Gleichgewicht werfen könnten. Oftmals sind Klienten der zweiten Unterform nur wenig selbstreflektiv und sehen die Gründe für ihre Probleme im Äußeren. Es gilt an dieser Stelle anzumerken, dass der Therapieerfolg mitunter davon abhängt, inwieweit ein Klient die Inkongruenz anerkennt.[20]

Die dritte Beziehungsbedingung beschreibt hingegen die *Kongruenz* des Therapeuten. Dieser Aspekt hat sozusagen eine Innenseite sowie eine Außenseite. Zum Einen bedeutet Kongruenz, dass sich der Therapeut seinem Erleben dem Klienten gegenüber weitestgehend bewusst ist (Innenseite). Zum Anderen meint Kongruenz auch, dass die willkürliche Kommunikation des Erlebens des Therapeuten in der therapeutischen Situation in Einklang mit seinem Erleben steht (Außenseite). Der Therapeut sollte also in der Beziehung zu sich selbst als auch in der Beziehung zu dem Klienten kongruent sein, um Therapieerfolg zu ermöglichen.[21]

Die *unbedingte Wertschätzung* kann nach Carl Rogers als weitere Beziehungsbedingung betrachtet werden. Hiermit ist eine Haltung gegenüber dem Klienten gemeint, welche von Respekt, Achtung sowie Bereitschaft zur engagierten Anteilnahme gekennzeichnet ist. Wichtig dabei ist, dass jeder Klient bedingungslos gewertschätzt wird, selbst wenn er bei dem Therapeuten zunächst Befremden oder Gefühle der Ablehnung hervorruft. Dabei wirkt die unbedingte Wertschätzung oftmals selbst schon heilsam. Es gilt an dieser Stelle anzumerken, dass die unbedingte Wertschätzung nicht dadurch gekennzeichnet ist, alle Äußerungen des Klienten gutzuheißen oder zu akzeptieren. So würde es beispielsweise auf eine inkongruente Verrenkung des Therapeuten hinauslaufen, wenn dieser Fremdenfeindlichkeit oder Machtmissbrauch ebenso gültig ansieht wie die Beachtung demokratischer Grundprinzipien oder eine lebensbejahende Einstellung.[22]

Als weitere wichtige Beziehungsbedingung kann das *einfühlende Verstehen* betrachtet werden. Das Element „Einfühlen" kann dabei mit Empathie gleichgesetzt werden und meint das emotionale Mitschwingen mit jemand anderem. Das Element „Verstehen" beinhaltet als Bedeutungs- und Sinngestalt auch eine kognitive Komponente. Insgesamt meint die Bedingung „einfühlendes Verstehen" also ein Hineinversetzen in die Erlebenswelt des Klienten sowie ein Versuch, dessen Erleben und die damit einhergehenden Verhaltensweisen zu verstehen. Bei dem ganzheitlichen Mitschwingen

---

[20] Vgl. Stumm, Keil (2017), S.18
[21] Vgl. Stumm, Keil (2017), S.19-20
[22] Vgl. Stumm, Keil (2017), S.24-25

mit dem Klienten sollte der Therapeut jedoch nicht mit ihm verschwimmen bzw. verschmelzen.[23]

Mit der letzten Bedingung, *der Kommunikation und Wahrnehmung der Kernbedingungen*, ist gemeint, dass die personenzentrierten Grundhaltungen von dem Therapeuten entsprechend kommunikativ zum Ausdruck gebracht werden, sodass sie vom Klienten als solche wahrgenommen und angenommen werden. Hierbei kann angemerkt werden, dass zwar die innere Haltung des Therapeuten enorm wichtig ist, diese aber erst durch eine ausdrückliche Bezugnahme in Form von Worten, Mimiken und Gesten das Beziehungsangebot vollständig gemacht wird.[24]

2.2 Praktisches Beispiel

Im Folgenden wird ein fiktives Beratungsgespräch zwischen Therapeut und Klient dargestellt. Dabei werden die im Unterkapitel 2.1 beschriebenen Bedingungen berücksichtigt. Es besteht ein angenehmes Gesprächsklima, bei dem mögliche Störquellen, wie Geräusche oder Unterbrechungen weitestgehend eingeschränkt wurden und die Beteiligten sich auf jeweils bequemen Sitzmöglichkeiten in einem angebrachten Abstand befinden. Der Therapeut wird im Folgenden mit T und der Klient mit K abgekürzt.

K: *Ich nehme den Stress von der Arbeit mit nach Hause. Meine Familie leidet unter meinem Verhalten. Ich spiele seltener mit meinen Kindern, da ich auch nach Feierabend nicht in einen Feierabendmodus reinkomme, bei dem ich mich freudvoll anderen Lebensbereichen zuwenden kann. Allerdings kann ich mir nicht einfach so einen anderen Arbeitsplatz suchen, da ich meine Familie zu ernähren habe und es in meinem Alter nicht so einfach ist, eine neue Stelle zu finden.*

T: *Ja, das ist wohl eine Situation, die man als Dilemma bezeichnen könnte. In der Tat ist es auf dem Arbeitsmarkt nicht immer einfach. Wie ergeht es denn Ihnen selbst dabei? Unabhängig von dem Wohlbefinden der anderen Familienmitglieder.*

K: *Ich fühle mich natürlich schlecht. Ich lebe für meine Familie und will das Beste für sie. Und ich habe das Gefühl, mein Chef interessiert das nicht. Obwohl ich schon lange dabei bin, habe ich ständig das Gefühl, mich beweisen zu müssen.*

T: *Sind Sie mit dem Chef schon in persönlichen Kontakt getreten?*

---

[23] Vgl. Stumm, Keil (2017), S. 25-26
[24] Vgl. Stumm, Keil (2017), S.27

K: *Ja, schon mehrmals. Ich habe ihm meine Probleme geschildert. Er zeigte wenig bis kein Verständnis. An meinen Arbeitsbedingungen und meiner verlangten Leistung hat sich bis heute nichts geändert.*

T: *Ich spüre förmlich ihre Wut auf den Chef. Ich kann Ihren Ärger sehr gut nachvollziehen. Können Sie vielleicht auch Ihre Gedanken darlegen, wenn Sie außerhalb der Arbeitszeit sind?*

K: *Im Prinzip macht es hinsichtlich meiner Gedanken fast kein Unterschied, ob ich physisch auf der Arbeit bin oder nicht. Im Kopf bin ich ständig auf der Arbeit. Ich denke auch nach Feierabend ständig über die anstehenden Aufgaben sowie die möglichen Konsequenzen, wenn ich es nicht rechtzeitig schaffe, nach.*

T: *Es wirkt wie in einem Hamsterrad. Sie kommen nicht zum Aufatmen und können nicht abschalten.*

K: *Genau. Und das Ganze geht nun schon seit mehreren Jahren so. Ich habe das Gefühl, das Spiel auf Dauer nicht so weitermachen zu können.*

T: *Es übt auch auf Dauer sicherlich keinen positiven Einfluss auf ihr Wohlergehen. Ich habe höchsten Respekt vor Ihnen, dass sie das trotz des Unbehagens schon so lange durchziehen. Nun lassen Sie uns aber doch mal die Möglichkeiten durchgehen. Zunächst kommt mir da die Frage in den Sinn, ob Sie sich schon über die Rechtmäßigkeit hinsichtlich der Arbeitsverhältnisse informiert haben?*

K: *Ja, ich war deswegen sogar schon bei einem Anwalt. Er versicherte mir, dass mein Chef rechtmäßig handelt. Er ist sozusagen unanfechtbar. Deswegen bin ich ja so verzweifelt und weiß nicht, was ich machen soll.*

T: *In der Tat ist das eine Misere... Nun versuchen Sie aber mal, so schwer es auch sein mag, die Probleme auszublenden und stellen Sie sich mal einen perfekten Wochentag vor und beschreiben diesen.*

K: *Oh, da brauche ich etwas Zeit, so etwas kam schon lange nicht mehr vor. Hm, naja also ich würde erstmal arbeiten, ohne Stress und mit guter Laune. Nach Feierabend würde ich problemlos abschalten und voller Lust und Energie für meine Familie da sein. Ich kann das Glück fast schon spüren. Mich macht es fröhlich, wenn es meiner Familie gut geht.*

T: *Ich merke, wie glücklich Sie auf einmal sind, nur bei dem bloßen Gedanken an einen perfekten Wochentag.*

K: *Ja, das stimmt. Aber was soll ich machen, wenn ich die Verhältnisse nicht ändern kann? Sollte ich vielleicht mehr an mir selbst arbeiten, sodass ich nach Feierabend tatsächlich abschalten kann? Etwa sowas wie Entspannungsübungen durchführen?*

T: *Nun ja, Sie müssen den richtigen Weg für Sich rausfinden. Es gibt in der Tat einige Entspannungsverfahren und Bewältigungsstrategien, mit denen es Ihnen vielleicht leichter fallen würde. Gerne kann ich Sie dabei unterstützen, wenn Sie wollen. Wichtig ist aber, dass Sie in sich reinhören und die Beste Option für Sich herausfinden.*

K: *Ja... Leider kam ich selbst nie in den Geschmack, solche bewusst einzuüben und anzuwenden. Zur Entspannung habe ich mir früher manchmal ein Feierabendbier gegönnt, das wars. Ich fände es gut, wenn wir es eintrainieren.*

T: *Toll, dass sie diesen Schritt gehen wollen. Allein das zeigt ihr Wille, wirklich etwas verändern zu wollen. Ich unterstütze Sie dabei, wie gesagt, sehr gerne. Möchten wir also erstmal so verbleiben und in der nächsten Stunde dann anfangen, die Übungen einzutrainieren.*

K: *Ja, lassen Sie uns das so machen. Ich wünsche Ihnen noch einen schönen Tag. Bis zum nächsten Mal!*

T: *Vielen Dank, ich wünsche Ihnen ebenfalls einen schönen Tag. Bis dann!*

Wie in dem Gespräch erkennbar ist, kommt der Klient in einem inkongruenten Zustand zu dem Therapeuten. Es besteht eine Abweichung dahingehend, für die Familie finanziell und gleichzeitig auch persönlich voller Hingabe da zu sein. Auch ist ein „Abschalten" und die Fokussierung auf andere, angenehme, Lebensbereiche nach Feierabend nicht möglich. Die Familie hat bei dem Klienten einen hohen Stellenwert. Mithilfe des Gesprächs wurde psychologischer Kontakt sozusagen generiert. Im Verlauf des Gesprächs reagiert der Therapeut respektvoll und empathisch. Es kann angenommen werden, dass sich der Klient verstanden und wertgeschätzt fühlt. Ferner wird in diesem Fallbeispiel vorausgesetzt, dass bei dem Therapeut Kongruenz besteht. Auch kommuniziert der Therapeut deutlich, dass der Klient das Beste für Sich finden muss, was auf den nicht- direktiven Gesprächsstil und die damit einhergehende Haltung des Therapeuten hindeutet. Es kann insgesamt also davon ausgegangen werden, dass in dieser fiktiven Gesprächssituation alle Beziehungsbedingungen für die Persönlichkeitsentwicklung berücksichtigt wurden.

3. Kommunikationstheorien

3.1 Axiome nach Watzlawick

Der Psychotherapeut Paul Watzlawick entwickelte sogenannte Axiome der Kommunikation. Diese Axiome, welche auch als pragmatische Axiome bezeichnet werden, beschäftigen sich mit dem Wesen der menschlichen Kommunikation und machen Aussagen über diese.[25]

„Man kann nicht nicht kommunizieren" lautet das erste Axiom nach Watzlawick. Dies wird dadurch begründet, dass jede Kommunikation, also auch nonverbale Kommunikation, als Verhalten betrachtet werden kann. Ebenso wenig, wie man sich nicht verhalten kann, kann man auch nicht nicht kommunizieren.[26] Ein praktisches Beispiel wäre ein Mann, der auf der Straße einen Bekannten sieht aber ihn dennoch nicht begrüßt und auffällig wegschaut. Der Mann vermittelt dem Bekannten nonverbal, dass er im Moment gerade keinen Kontakt möchte.

Das zweite Axiom postuliert, dass jede Kommunikation einen Inhalts- sowie Beziehungsaspekt hat. Dabei hat der Inhaltsaspekt die Aufgabe, Informationen zu vermitteln, während der Beziehungsaspekt Aufschluss darüber gibt, wie die Beziehung zum Empfänger aufgefasst wird. Es gilt anzumerken, dass der Beziehungsaspekt den Inhaltsaspekt bestimmt.[27] So gibt beispielsweise ein Patient einem Arzt trotz guter Behandlung samt ausreichender Aufklärung eine schlechte Online- Bewertung, weil er ihn als unsympathisch bewertet.

Dass Kommunikation immer Ursache und Wirkung ist, wird in dem dritten Axiom festgehalten. Konkreter ist die Natur einer Beziehung durch die Interpunktion der Kommunikationsabläufe seitens der Partner bedingt. Dabei gibt jeder Teilnehmer einer Interaktion der Beziehung eine Struktur. Auf jeden Reiz folgt eine Reaktion. Ferner ist jeder Reiz zugleich auch Kommunikation, da eine Kommunikation kreisförmig verläuft. Dementsprechend existiert kein Anfangspunkt.[28] Ein praktisches Beispiel für diese Axiom wäre, wenn eine Frau ihren Mann darauf hinweist, dass er heute aufräumen soll. Der Mann reagiert genervt und verdreht die Augen. Dies führt dazu, dass die Frau sich aufregt. Infolgedessen reagiert der Mann noch genervter. Beide begründen ihr Verhalten als Folge des Verhaltens des jeweils anderen.

---

[25] Vgl. Matolycz (2009), S.10
[26] Vgl. Amberger (2010), S.162
[27] Vgl. Amberger (2010), S.162
[28] Vgl. Amberger (2010), S.162

Das vierte Axiom postuliert, dass sich menschliche Kommunikation analoger und digitaler Modalitäten bedient. Dabei kann die digitale Modalität als das Gesprochene einer Nachricht betrachtet werden. Dadurch wird komplexes Wissen verbal übermittelt. Hierbei bleibt dem Empfänger nur wenig Interpretationsspielraum. Die analoge Modalität ist wesentlich älter als die digitale Modalität und wird meist nonverbal vermittelt. So wird mittels Tonfall, Sprechgeschwindigkeit, Gestik, Mimik und Körperhaltung nonverbal kommuniziert. Es gilt anzumerken, dass die analoge Modalität mehrdeutig ist und zu Fehlinterpretationen führen kann.[29] Ein praktisches Beispiel hierfür wäre, wenn ein Mann seiner Frau nach einem Streit die Haare streichelt als Zeichen der Versöhnung. Die Frau interpretiert dies jedoch so, dass sie die submissive Rolle in der Beziehung einnimmt und zu gehorchen hat. Diese Fehlinterpretation führt zu einem erneuten Konflikt.

Nach dem fünften Axiom ist Kommunikation entweder symmetrisch oder komplementär. Dies ist davon abhängig, ob die Beziehung zwischen den Partnern auf Gleichgewicht oder Unterschiedlichkeit beruht. Während bei einer symmetrischen Kommunikation die Teilnehmer auf Augenhöhe kommunizieren, ist bei der komplementären Kommunikation ein Teilnehmer untergeordnet. Kommunikationsabläufe zwischen Chef und Angestellten oder zwischen Mutter und Kind sind meistens komplementär. Zu einer Störung kann es dann kommen, wenn sich die Teilnehmer versuchen gegenseitig zu dominieren und sozusagen auf eine höhere Stufe als der Gegenüber zu kommen.[30]

3.2 Vier- Seiten- einer- Nachricht Modell nach Schulz von Thun

Das Vier- Seiten- einer- Nachricht Modell, welches von dem Psychologen Friedemann Schulz von Thun entwickelt wurde, geht davon aus, dass jede Nachricht vier Botschaften bzw. Ebenen umfasst. Dabei fokussiert sich der Sender auf eine oder zwei Ebenen, sendet aber unbewusst auch auf den anderen Ebenen mit. Dem Modell zufolge besteht eine Nachricht aus einer Sachseite, einer Apellseite, einer Selbstoffenbarungs- Seite sowie einer Beziehungsseite. Dabei gibt die Sachseite Informationen über den sachlichen Inhalt einer Nachricht. Hinsichtlich der Apellseite kann angenommen werden, dass der Sender bei dem Empfänger etwas bestimmtes erreichen oder bewirken will. Demnach kann die Apellseite als verdeckte Aufforderung, etwas zu tun oder zu lassen, aufgefasst werden. Die Selbstoffenbarungseite zeigt, was der Sender von sich selbst preisgibt bzw. vermittelt. Bei der Beziehungsseite wird die Art der Beziehung zwischen

---

[29] Vgl. Balogh (2015), Abs. 3.4; Amberger (2010), S.162
[30] Vgl. Amberger (2010), S.162

Kommunikationspartnern verdeutlicht. Es wird also deutlich gemacht, was der Sender von dem Empfänger hält und in welcher Beziehung sie zueinander stehen.[31]

Es gilt anzumerken, dass sich die beschriebenen vier Ebenen nicht nur für das Senden, sondern auch für das Empfangen von Nachrichten beziehen. Dies kann damit veranschaulicht werden, dass der Sender auf den vier Ebenen mit vier Schnäbeln sendet bzw. kodiert, während der Empfänger auf den vier Ebenen mit vier Ohren empfängt bzw. dekodiert. Allerdings ist nicht sicher, ob der Empfänger die Nachricht auf den gleichen Ebenen empfängt, auf denen sie der Sender geschickt hat. In diesem Kontext lässt sich anmerken, dass Kommunikationsstörungen dadurch erklärt werden können, dass Empfänger und Sender auf unterschiedlichen Ebenen kommunizieren.[32]

3.3 Vergleich der Modelle

3.3.1 Gemeinsamkeiten

Zunächst kann festgehalten werden, dass beide kommunikationswissenschaftliche Modelle als populär gelten. In Kommunikationstrainings gehören sowohl das Vier-Seiten- einer Nachricht- Modell als auch die fünf Axiome zu den am meist vermittelten Theorien.[33] Auch setzen beide Modelle voraus, dass sich die Gesprächspartner gegenüberstehen oder sich zumindest gegenseitig wahrnehmen.[34] Des Weiteren implizieren beide Modelle konkret eine Sachseite sowie eine Beziehungsebene. Während bei Watzlawick der Beziehungsaspekt und der Inhaltsaspekt vor allem in dem zweiten Axiom zum Tragen kommt, wird die Beziehungsebene sowie die Inhaltsebene bei Schulz von Thun separat als jeweils eine der vier Seiten einer Nachricht betrachtet.

Sowohl Watzlawick als auch Schulz von Thun gehen von nonverbalen als auch verbalen Anteilen einer Nachricht aus. Konkreter werden nach Schulz von Thun nonverbale Nachrichtenanteile als implizite Metakommunikation bezeichnet. Dies kann Körperhaltung, Blick, Tonfall, Betonung, Sprechgeschwindigkeit etc. beinhalten. Diese nonverbalen Anteile sind von der expliziten Metakommunikation zu unterscheiden, bei der ein bewusster Austausch darüber geführt wird, wie die Botschaften ankommen und was sie bewirken. Paul Watzlawick benennt ebenfalls diesen Unterschied zwischen impliziter und expliziter Metakommunikation.[35]

---

[31] Vgl. Kulbe (2017), S.133; Matolycz (2009), S.41
[32] Vgl. Wittke, Kamal, Aghoutane, Karim (2021), S.43
[33] Vgl. Bause, Henn (2018), S.394-395
[34] Vgl. Balogh (2015), Abs. 5
[35] Vgl. Schulz von Thun (2000), S.33-92; Watzlawick, Beavin, Jackson (2011), S.63-64

Eine weitere Gemeinsamkeit der Modelle besteht in dem subjektiven Charakter, welcher sich aus einer konstruktivistischen Haltung ergibt. Nach Watzlawick kann keine Sicherheit dahingehend bestehen, dass die empfangene Nachricht auch der entsandten Nachricht entspricht.[36] Auch Schulz von Thun hebt den subjektiven Charakter bei Kommunikationen in den Vordergrund, in dem er postuliert, dass Befürchtungen oder Erwartungen bzw. grundsätzliche persönliche Annahmen über den Gesprächsteilnehmer maßgeblich mitbestimmen, wie Informationen aufgenommen werden.[37] In diesem Kontext lässt sich erwähnen, dass beide Modelle davon ausgehen, dass Kommunikation nicht immer reibungslos bzw. fehlerfrei funktioniert. So kann nach Watzlawick auch die analoge Modalität zu Fehlinterpretationen führen. Aber auch, wenn sich zwei Kommunikationsteilnehmer gegenseitig dominieren wollen, kann es zu Störungen kommen. Nach Schulz von Thun kommt es dann zu Kommunikationsproblemen, wenn Sender und Empfänger auf verschiedenen Ebenen interagieren. Es werden also bei beiden Modellen Kommunikationsprobleme thematisiert.

3.3.2 Unterschiede

Im Gegensatz zu der Beziehungs- und Inhaltsebene findet sich die Appellebene sowie die Selbstoffenbarungsebene in Watzlawicks Axiomen nicht wieder. Als weiterer wesentlichen Unterschied kann die Tatsache betrachtet werden, dass bei dem Vier-Seiten- einer Nachricht Modell von Schulz von Thun alle Aspekte, also auch die Beziehungs- und Inhaltsebene, gleichrangig betrachtet, während bei den Axiomen von Watzlawick die Beziehungsebene über die Inhaltsebene gestellt wird. Dennoch gilt es hierbei anzumerken, dass Schulz von Thun von individuellen Empfangsgewohnheiten spricht. So haben beispielsweise manche Menschen ein ausgeprägtes „Beziehungsohr" oder ein ausgeprägtes „Inhaltsohr". Ferner betrachten einige Autoren das Modell von Schulz von Thun als hoch praktikabel, während Watzlawick in seinem Modell eher theoretisch vorging. Die hohe Praktikabilität von Schulz von Thun wirkt sich auch vergleichsweise positiv auf die Anwendbarkeit aus.[38]

Die folgende Abbildung veranschaulicht nochmals stichpunktartig die Gemeinsamkeiten und Unterschiede der beiden Modelle.

---

[36] Vgl. Watzlawick, Beavin, Jackson (2011), S.52-60
[37] Vgl. Schulz von Thun (2000), S.61-65
[38] Vgl. Röhner, Schütz (2020), S.31

Gemeinsamkeiten	Unterschiede
- Beziehungsaspekt & Inhaltsaspekt	- Appellebene & Selbstoffenbarungsebene
- Metakommunikation	- Unterschiedliche Wertigkeit der Aspekte
- Konstruktivismus	- Praktikabilität
- Kommunikationsfehler	- Anwendbarkeit
- Popularität	
- Gegenseitiges Wahrnehmen	

Abb.2: Gemeinsamkeiten und Unterschiede der Modelle

Quelle: Eigene Darstellung

Literaturverzeichnis

Abel, T., Sommerhalder, K., Bruhin, E. (2010). Leitbegriffe der Gesundheitsförderung: Alphabetisches Verzeichnis. Bundeszentrale für gesundheitliche Aufklärung (Hrsg.). https://leitbegriffe.bzga.de/alphabetisches-verzeichnis, abgerufen am 17.11.2022

Abel, T., Sommerhalber, K. (2015). Gesundheitskompetenz/Health Literacy: Das Konzept und seine Operationalisierung. In: Bundesgesundheitsblatt, Gesundheitsforschung, Gesundheitsschutz 58 (9), S. 923–929. DOI: 10.1007/s00103-015-2198-2

Amberger, S. (2010). Psychiatriepflege und Psychotherapie. Stuttgart: Thieme

Balogh, M. (2015). Eine Gegenüberstellung der Kommunikationsmodelle von Paul Watzlawick und Schulz von Thun. München: Grin

Bause, H., Henn, P. (2018). Kommunikationstheorien auf dem Prüfstand. Wiesbaden: Springer Fachmedien GmbH

Becker, U., Kingreen, T. (2020). SGB V. Gesetzliche Krankenversicherung. München: Verlag C. H. Beck

Brandes, S., Stark, W. (2018). Empowerment/Befähigung. In: Leitbegriffe der Gesundheitsförderung. Glossar zu Konzepten, Strategien und Methoden. Bundeszentrale für gesundheitliche Aufklärung. Abgerufen am 28.11.2022

Caspar, F., Pjanic, I., Westermann, S. (2018). Klinische Psychologie. Heidelberg: Springer

Hofmann, H. (2010). Wege zum gesunden Unternehmen-Gesundheitskompetenz entwickeln. Gütersloh: Bertelsmann

Karim, A., Bialek, N., Helmrich, C. (2021). Studienbrief „Beratung". Riedlingen: SRH Fernhochschule

Kickbusch, I., Maag, D., Saan, H. (2005): Enabling healthy choices in modern health societies. Paper presented at the European Health Forum 2005. URL: http://old.ilonakickbusch.com/health-literacy/Gastein_2005.pdf

Kulbe, A. (2017). Grundwissen Psychologie, Soziologie und Pädagogik. Stuttgart: Kohlhammer Verlag

Kunze- Pletat, D. (2019). Personenzentrierte Erwachsenenpädagogik. Heidelberg: Springer

Lenartz, N. (2012). Gesundheitskompetenz und Selbstregulation. Bonn: V & R Unipress, Bonn University Press

Lenartz, N., Rüdinger, G., Soellner, R. (2014). Gesundheitskompetenz: Modellbildung und empirische Modellprüfung einer Schlüsselqualifikation für gesundes Lebe In: DIE Zeitschrift für Erwachsenenbildung 2014(2): Gesundheit. http://www.die-bonn.de., abgerufen am 17.11.2022

Matolycz, E. (2009). Kommunikation in der Pflege. Heidelberg: Springer

Röhner, J., Schütz, A. (2020). Psychologie in der Kommunikation. Heidelberg: Springer

Saam, N. (2002). Prinzipale, Agenten und Macht- eine machttheoretische Erweiterung der Agenturtheorie und ihre Anwendung auf Interaktionsstrukturen in der Organisationsberatung. Tübingen: Mohr Siebeck

Schulz von Thun, F. (2000). Miteinander reden. Störungen und Klärungen. Augsburg: Bechtermünz- Verlag

Stumm, G., Keil, W. (2017). Praxis der personenzentrierten Psychotherapie. Heidelberg: Springer

Watzlawick, P., Beavin, J.B., Jackson, D.D. (2011). Public health als kommunale Sorgekultur. In: Schmidt- Semisch, H., Schorb, F.: Public health. Wiesbaden: Springer GmbH

Wittke, G., Kamal, J., Aghoutane, A., Karim, A. (2021). Studienbrief „Gesundheitskommunikation- und förderung. Riedlingen: SRH Fernhochschule

BEI GRIN MACHT SICH IHR WISSEN BEZAHLT

- Wir veröffentlichen Ihre Hausarbeit,
  Bachelor- und Masterarbeit

- Ihr eigenes eBook und Buch -
  weltweit in allen wichtigen Shops

- Verdienen Sie an jedem Verkauf

**Jetzt bei www.GRIN.com hochladen
und kostenlos publizieren**